BEI GRIN MACHT SICH IHR WISSEN BEZAHLT

- Wir veröffentlichen Ihre Hausarbeit, Bachelor- und Masterarbeit

- Ihr eigenes eBook und Buch - weltweit in allen wichtigen Shops

- Verdienen Sie an jedem Verkauf

Jetzt bei www.GRIN.com hochladen und kostenlos publizieren

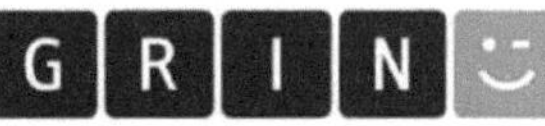

Ernst Probst

Adele Sandrock - Die komische Alte des deutschen Kinos

GRIN Verlag

Impressum:

Copyright © 2012 GRIN Verlag, Open Publishing GmbH
Druck und Bindung: Books on Demand GmbH, Norderstedt Germany
ISBN: 978-3-656-17294-9

Dieses Buch bei GRIN:

http://www.grin.com/de/e-book/192276/adele-sandrock-die-komische-alte-des-
deutschen-kinos

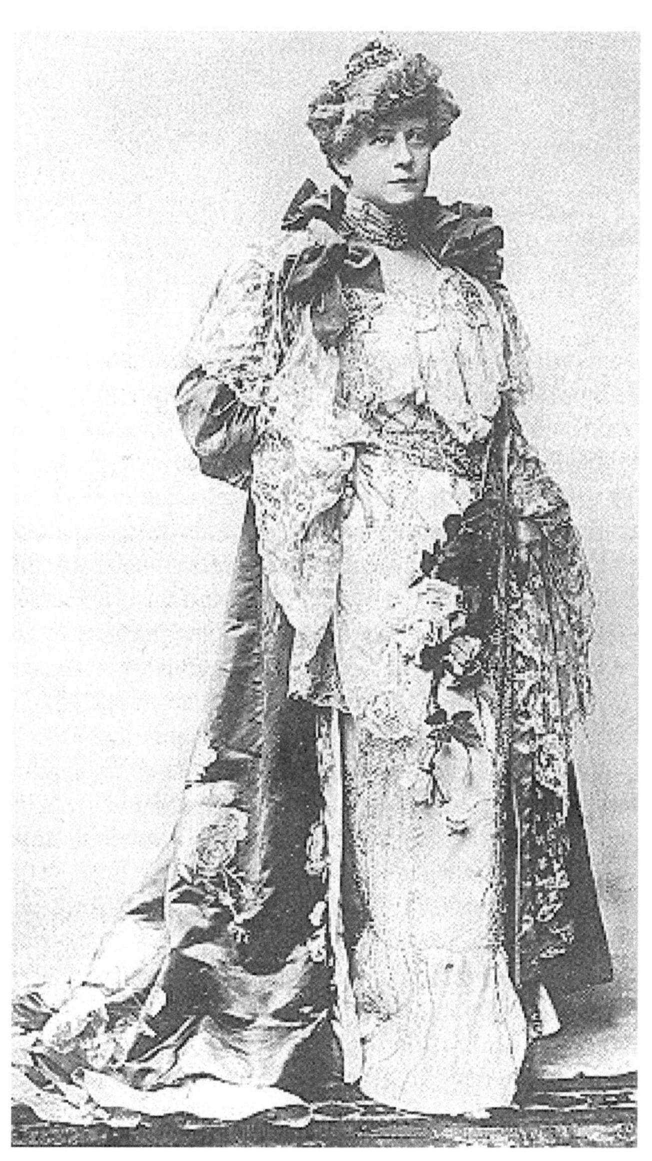

Foto auf der vorhergehenden Seite:

Adele Sandrock (1864–1937)
in der Rolle der Marguerite Gautier
in „Die Cameliendame".
Das Foto entstand 1898.

Ernst Probst

Adele Sandrock

Die komische Alte
des deutschen Kinos

Beate Werner,
Bernd Werner,
Marianne Werner,
Otto Werner,
Sonja Werner,
Dr. Jochen Werner,
Christine Werner und
Steffen Werner
gewidmet

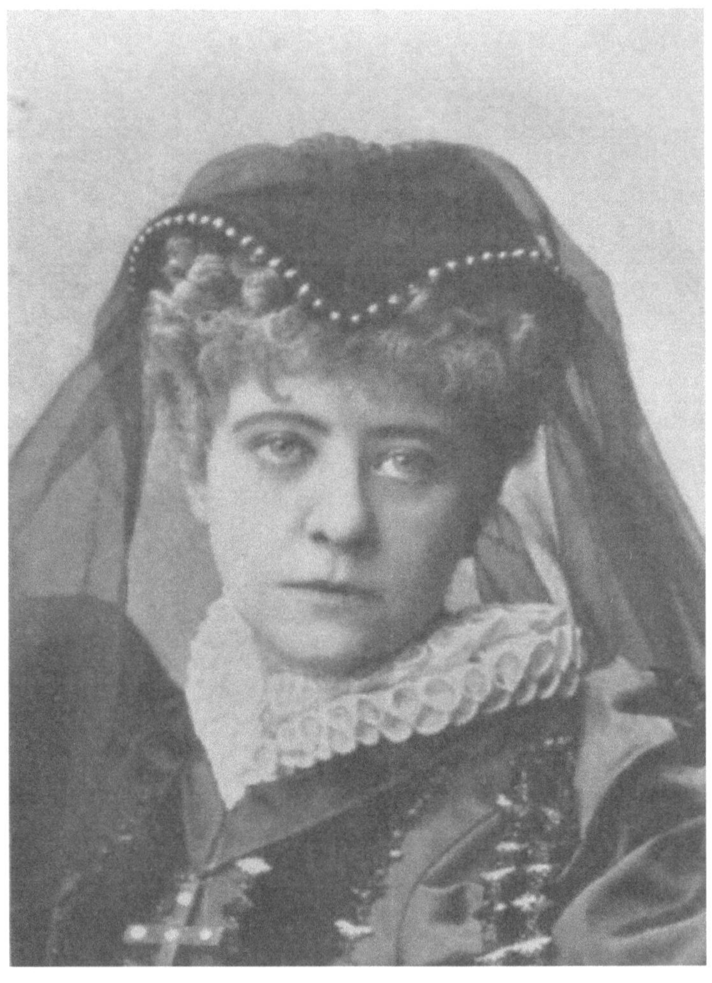

Adele Sandrock um 1900

Adele Sandrock

Die komische Alte des deutschen Kinos

Eine der bedeutendsten Schauspielerinnen ihrer Zeit war Adele Sandrock (1864–1937). Anfangs spielte sie auf der Theaterbühne klassische Rollen und dämonische Frauengestalten in Gesellschaftsstücken, später feierte sie auf der Kinoleinwand als „komische Alte" große Erfolge. Kritiker bezeichneten sie als „die letzte Heroine des deutschen Theaters".

Adele Sandrock kam am 19. August 1864 in der niederländischen Hafenstadt Rotterdam zur Welt. Ihre Mutter Nans ten Hagen (1833–1917) war eine niederländische Schauspielerin, die zum Ensemble des Theaters von Rotterdam gehörte. Ihr Vater Eduard Othelio Sandrock (1832–1897) diente früher als preußischer Offizier, zog wegen der Ehe mit der Niederländerin seinen Soldatenrock aus und wurde Kaufmann. Adele war eines von insgesamt sieben Kindern ihrer Eltern und die jüngste Tochter. Ihr jüngerer Bruder Chistian Sandrock (1865–1924) machte sich später als Historien- und Porträtmaler sowie als Schriftsteller einen Namen.

Anfangs wuchs Adele in Rotterdam auf, später in Berlin. Es heißt, sie habe sich als junges Mädchen kaum für die Schule interessiert. In Berlin besuchte sie von 1875 bis

1877 eine Höhere Töchterschule und lernte die deutsche Sprache. Wegen unentschuldigten Fehlens soll sie aus der Schule entlassen worden sein. Zunächst sehnte sich Adele nach der Manege, erst der Zirkusdirektor Renz konnte ihr dies später ausreden.

Wie ihre Schwester Wilhelmine (1862–1948) erhielt auch Adele Sandrock von ihrer Mutter Schauspielunterricht. Ihre Bühnenlaufbahn begann 1879 mit 15 Jahren am Vorstadttheater „Urania" in Berlin. Dort feierte sie als Selma im Lustspiel „Mutter und Sohn" von Charlotte Birch-Pfeiffer (1800–1868) ihr Debüt.

In einem Berliner Theater lernte Adele Sandrock einige Schauspieler des „Hoftheaters Meiningen" aus Thüringen kennen und war von deren Spielweise begeistert. Mit geliehenem Geld fuhr sie nach Meiningen und sprach dort die Rolle der „Luise" in „Kabale und Liebe" von Friedrich von Schiller (1759–1805). Man war von der 16-Jährigen begeistert und gab ihr einen Dreijahresvertrag.

Am „Hoftheater Meiningen" in Thüringen erhielt Adele Sandrock kleine Aufgaben. Als sie dort um eine größere Rolle bat, lehnte der Leiter der Meininger Truppe, Josef Kainz (1858–1910), dies mit den Worten ab: „Mit der spiel' ich nicht".

1881 packte Adele Sandrock in Meiningen ihre Koffer. Nach Tourneen war sie 1885/1886 in Wiener Neustadt (Niederösterreich) und ab 1887 am „Deutschen Theater" in der ungarischen Hauptstadt Budapest engagiert.

Sie trat als sentimentale Liebhaberin, Vamp und in heiteren Rollen auf.

1889 schaffte Adele Sandrock mit der Hauptrolle als Isabella in „Der Fall Clemenceau" von Alexandre Dumas der Jüngere (1824–1895) und Armand d'Artois (1845–1912) am „Theater an der Wien" den künstlerischen Durchbruch. Moderne Rolllen gehörten zur ihren Stärken.

Von 1890 bis 1895 arbeitete Adele Sandrock am „Deutschen Volkstheater" in Wien. Bald galt sie als eine der führenden Tragödinnen. Zu ihrer großen Zeit war die Bühne noch beherrscht vom hohen Affekt, ausladender Gebärdensprache, wildem Augenrollen und übersteigertem Pathos.

Im Herbst 1893 verliebte sich die 29-jährige Adele Sandrock in den österreichischen Dichter Arthur Schnitzler (1862–1931), der sie zärtlich „Dilly" nannte. Während der 15 Monate langen stürmischen Romanze bis zum Frühjahr 1895 schrieb sie ihm insgesamt 257 Briefe und Telegramme, er brachte es „nur" auf deren 133. In dieser Beziehung spielte Adele offenbar die Rolle der theatralisch Liebenden. Schnitzler verwendete später in seinen Werken „Der Reigen", „Halbzwei" und „Haus Delorme" seine Erinnerungen an Adele.

Arthur Schnitzler benahm sich im Gegensatz zu Adele Sandrock wie ein abgeklärter Bonvivant, der nicht wirklich mit dem Herzen bei der Sache ist. In seinen Tagebuchnotizen wirkt er als gelangweilter Liebhaber,

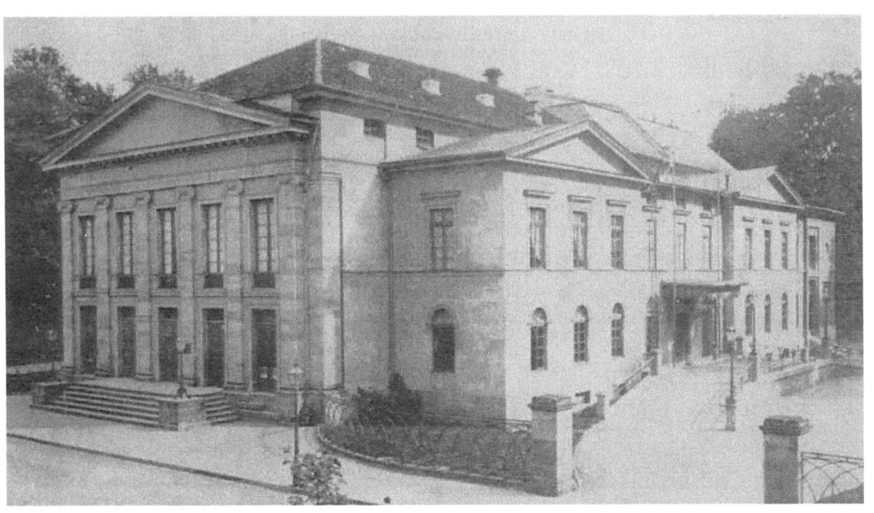

„Hoftheater Meiningen"
in Thüringen vor 1908
auf einer Ansichtskarte

Foto auf Seite 11:

Josef Kainz (1858–1910)
als Romeo um 1895

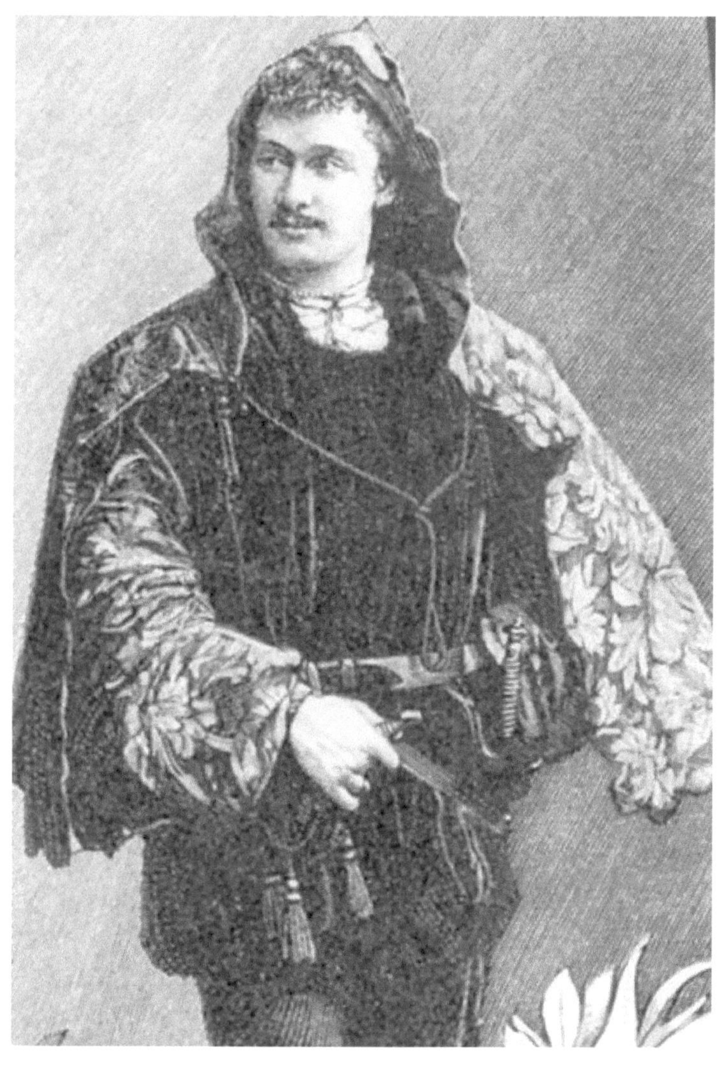

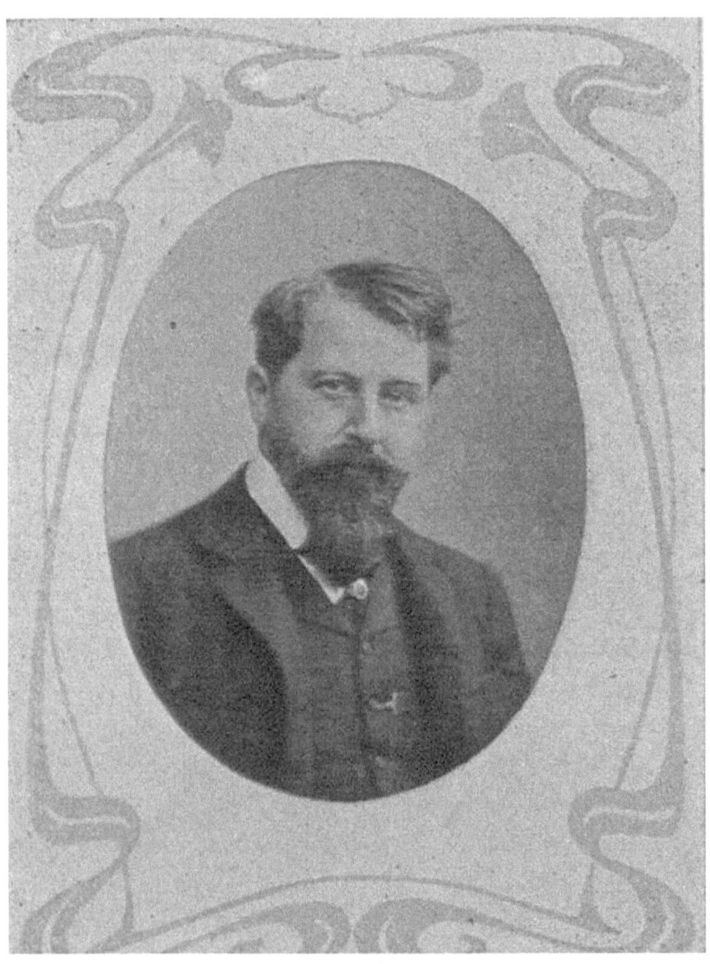

Arthur Schnitzler (1862–1931)

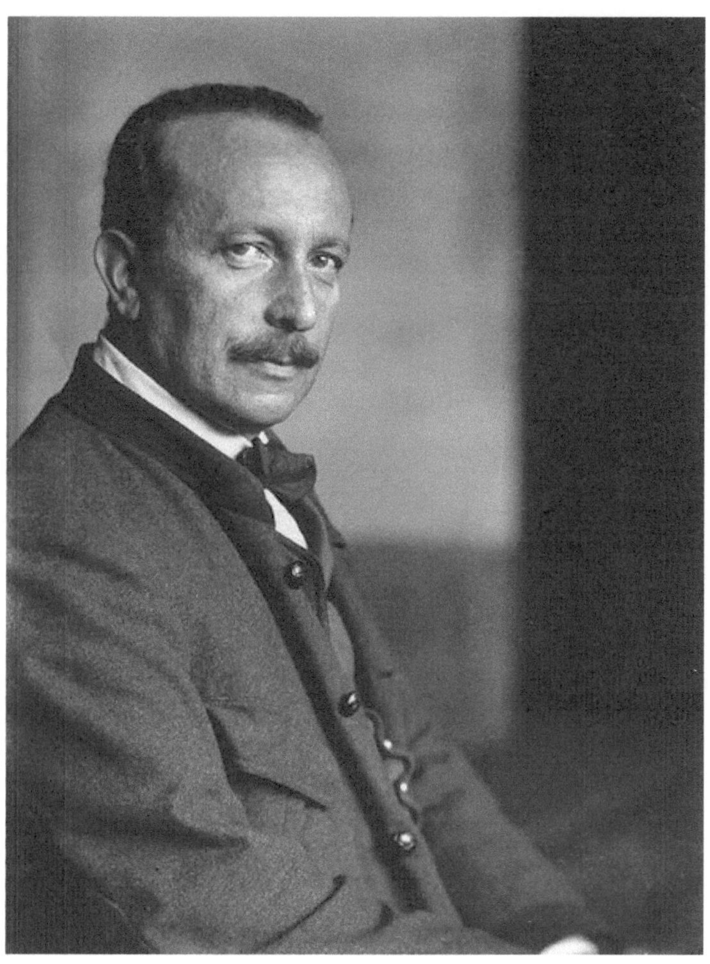

Felix Salten (1869–1947)

der sich mit Adele nur über seine wirklich große Liebe hinwegtröstet, sich mit ihr die Nacht versüßt und selbst nicht weiß, warum und wozu. Letztlich scheiterte die Liebe der launenhaften und temperamentvollen Diva sowie des zweifelnden Dichters kläglich.
In Wien glänzte Adele Sandrock als Bühnenstar. Dort sorgte sie durch ihre turbulentes Privatleben und ihre Vertragsbrüche für Skandale.
Zarte Beziehungen wurden Adele Sandrock auch zu den österreichischen Schriftstellern Roda Roda (1872–1945) und Felix Salten (1869–1947) nachgesagt. Roda war vorübergehend ihr Verlobter. Auch ihm diente sie später als Vorbild für einige seiner Bühnengestalten. Salten hatte mit seiner Tiergeschichte „Bambi" (1923) großen Erfolg.
Von 1895 bis 1898 trat Adele Sandrock am Wiener „Hof-Burgtheater" auf, wo von 1884 bis 1898 auch ihre Schwester Wilhelmine wirkte und das ab 1918 „Burgtheater" hieß. Vor der Jahrhundertwende gehörten die Schauspielerinnen Charlotte Wolter (1834–1897) und Sarah Bernhardt (1844–1923), die Tänzerin Eleonora Duse (1858–1924), der Schauspieler Josef Mitterwurzer (1844–1897) und der Sänger Enrico Caruso (1873–1921) zu ihrem Freundeskreis.
Nachdem Adele Sandrock 1898 mit einem Eklat dem Wiener „Hof-Burgtheater" den Rücken kehrte und sich auf Tournee durch Europa begab, verließ sie der große Erfolg auf der Bühne. Von 1902 bis 1905 trat sie erneut

am „Deutschen Volkstheater" in Wien und anderen Bühnen auf.

1905 zog Adele Sandrock nach Berlin-Charlottenburg. Dort wohnte sie fortan im Haus mit der Nummer 60 in der Leibnizstraße. Zwischen 1905 und 1910 spielte sie am „Deutschen Theater" von Max Reinhardt (1873–1943) in Berlin. Danach gastierte sie an anderen Berliner Bühnen.

Ab 1911 bekam Adele Sandrock erste Rollen in Stummfilmen. Ihr Debüt auf der Kinoleinwand feierte sie neben der aus Magdeburg stammenden Henny Porten (1890–1960) in dem Film „Marianne, ein Weib aus dem Volke".

Als Adele Sandrock vor dem Ersten Weltkrieg bei Max Reinhardt in Berlin spielte, erwies sich ihr Darstellungsstil schon hoffnungslos antiquiert. Das Publikum wollte sich bei ihren Auftritten vor Lachen ausschütten. Im Ersten Weltkrieg (1914–1918) konnte die 40 Jahe alte Adele ihre Miete in Berlin nicht mehr bezahlen, musste aber die alte Mutter miternähren und hatte keine „Beziehungen". Bei einem ihrer Auftritte als Vortragskünstlerin in einem Restaurant am Kurfürstendamm brach sie wegen ihres starken Hungers ohnmächtig zusammen.

Doch Adele Sandrock boxte sich durch. 1920 feierte die 57-Jährige auf der Theaterbühne wieder größere Erfolge. Angeblich wurde sie erst 1920 durch ihre Darstellung der Lady Bracknell in „Bunburry" von

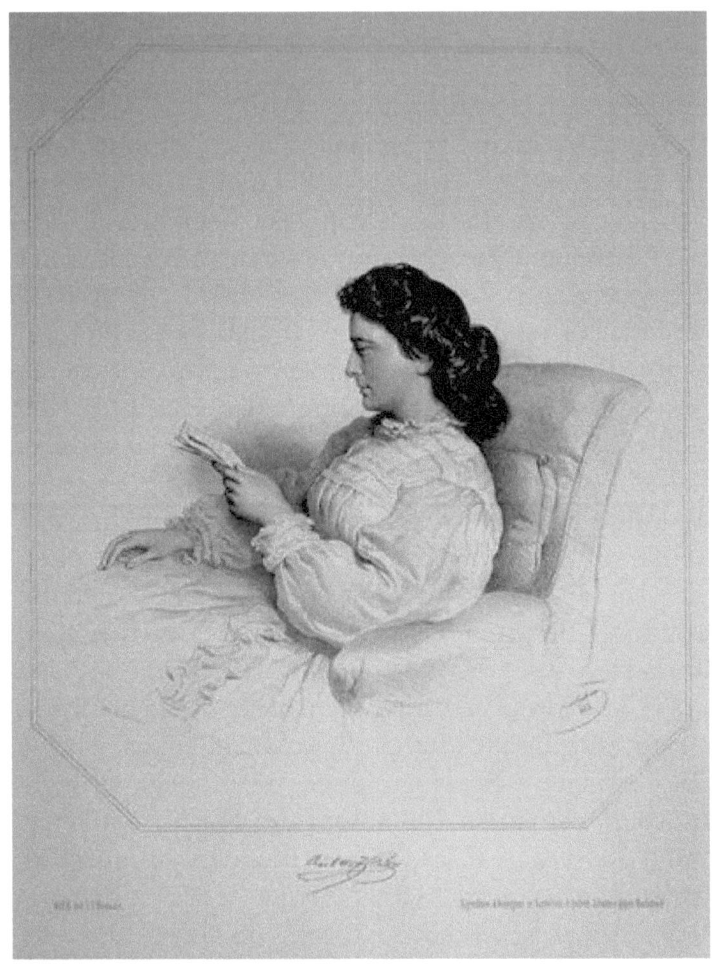

Charlotte Wolter (1834–1897)

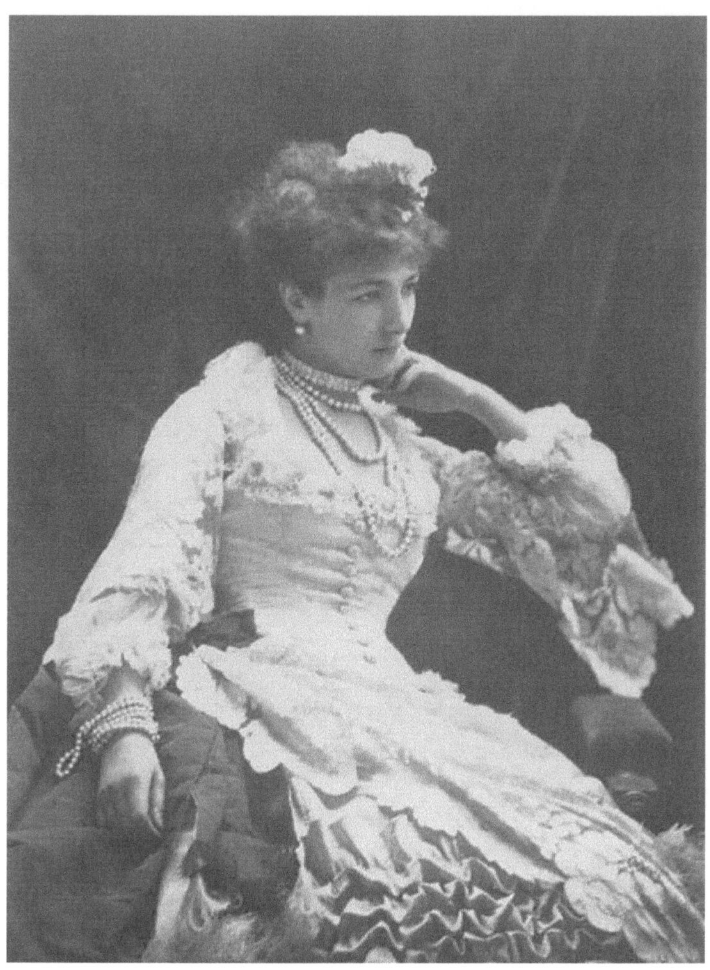

Sarah Bernhardt (1844–1923)

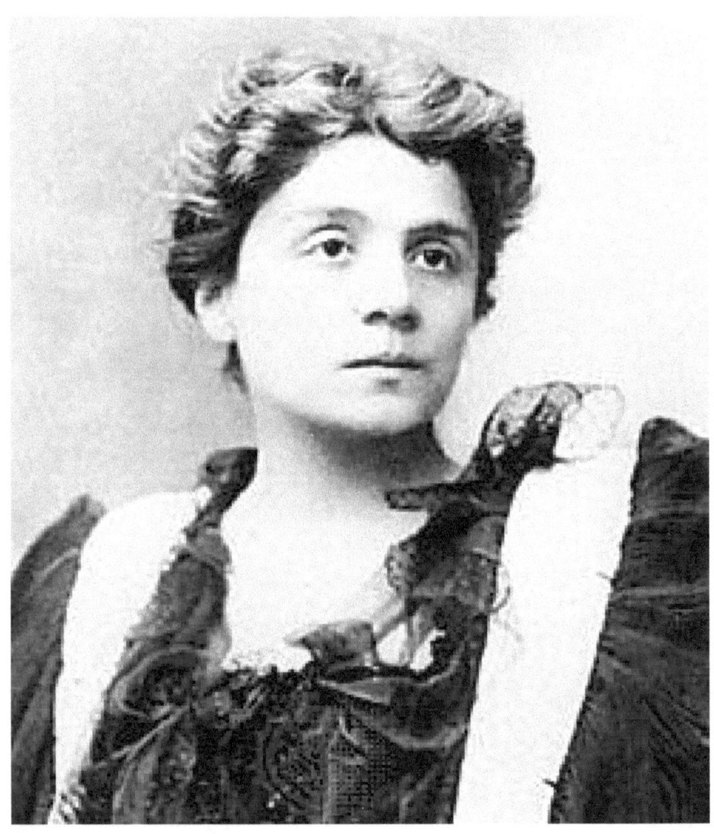

Eleonora Duse (1858–1924)

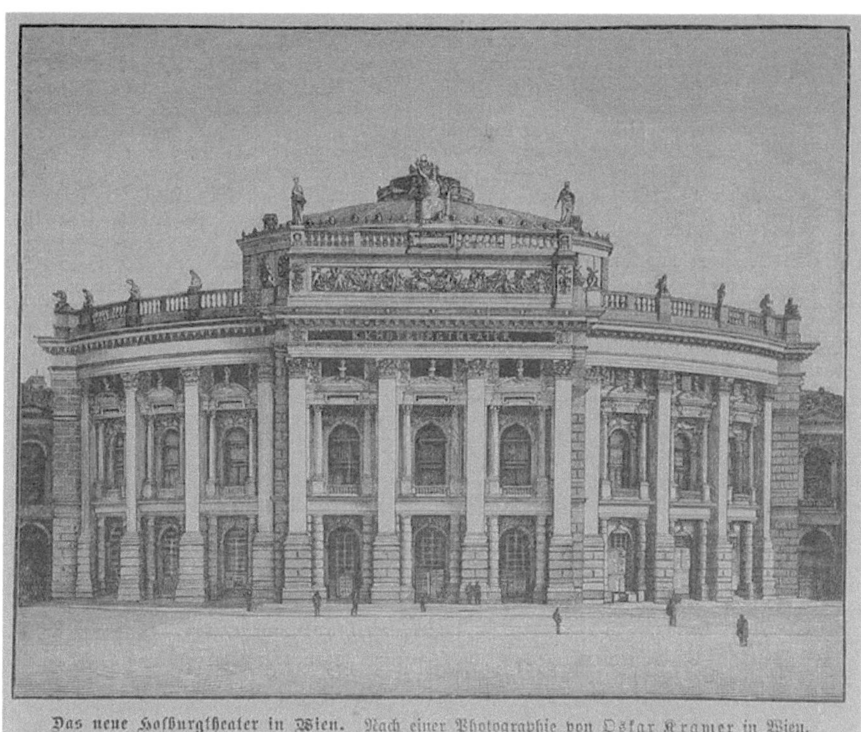
Das neue Hofburgtheater in Wien. Nach einer Photographie von Oskar Kramer in Wien.

„Hof-Burgtheater" in Wien:
Dort trat Adele Sandrock
von 1895 bis 1898 auf.

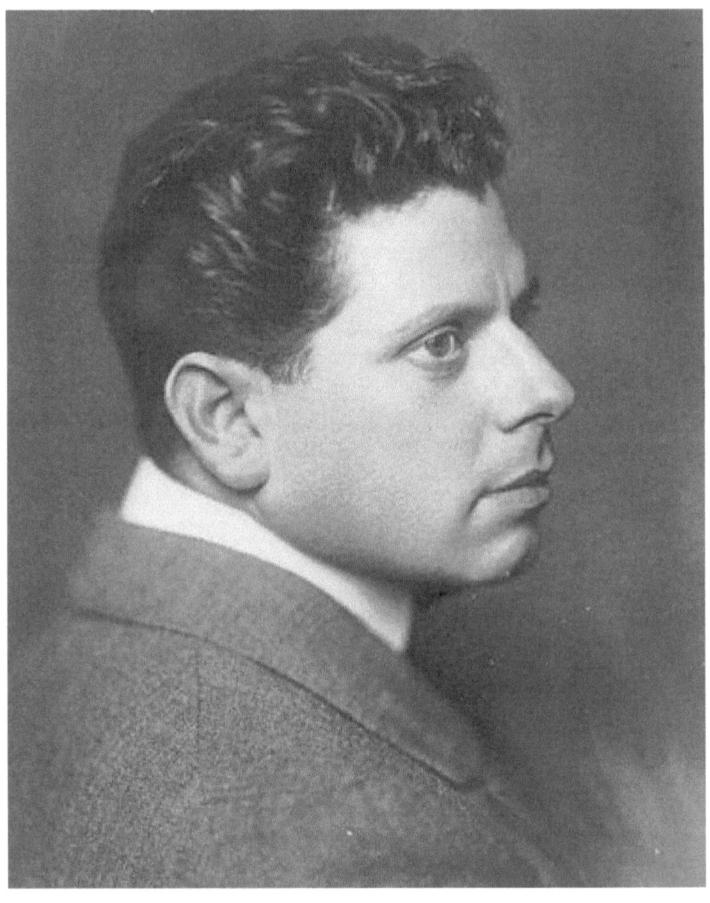

Max Reinhardt (1873–1943)

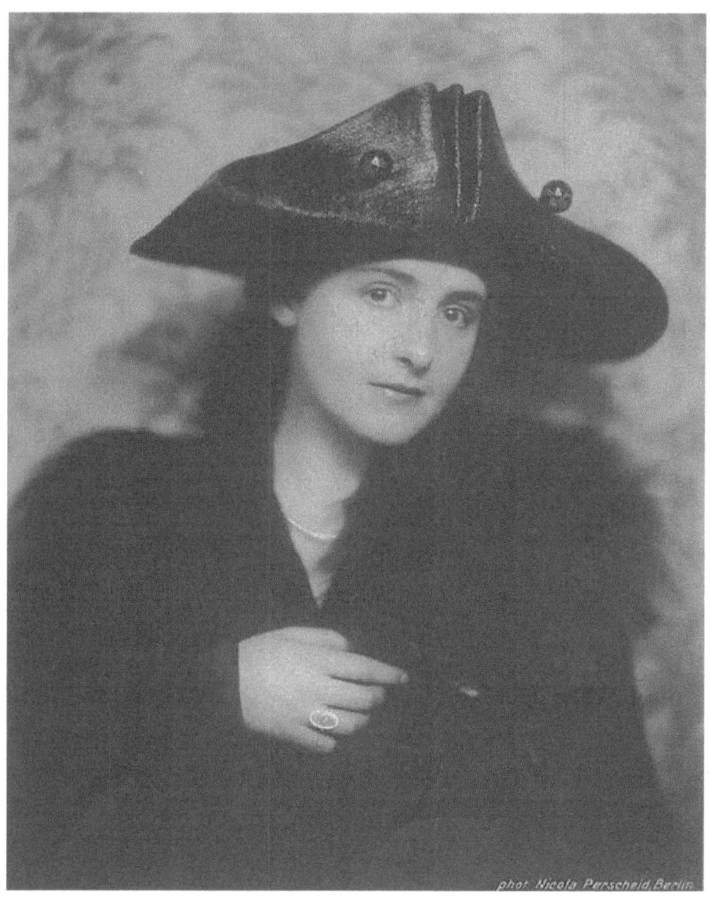

Henny Porten (1890–1960)

Oscar Wilde (1854–1900) für das Fach der „komischen Alten" entdeckt und begann damit eine zweite Karriere. Fortan spielte sie oft in Komödien mit starkem Pathos die starrköpfige Schwiegermutter bzw. Großmutter oder tyrannische alte Dame.

Auch im Film verwandelte sich die ehemalige Tragödin und Heroine Adele Sandrock zu Beginn der 1920-er Jahre zur „komischen Alten". Dank des Tonfilms konnte sie ab 1930 ihr großes komisches Talent voll zur Geltung bringen. Mit ihren unvergesslichen Auftritten auf der Kinoleinwand wurde sie für die Nachwelt berühmter als durch ihre Theaterrollen. Wegen ihrer markanten blechern tiefen Stimme nannte man sie scherzhaft „der General".

Die das Zwerchfell erschütternde Komikerin Adele Sandrock erheiterte zwischen den beiden Weltkriegen Millionen von Kinobesuchern/innen. Ihre Markenzeichen auf der Kinoleinwand waren strafende, durchdringende Blicke, ihr zerknittertes Gesicht, ihre basstief schnarrende Stimme, ihr Kommandoton und ihre urgroßmütterlich-musealen Roben.

Manchmal konnte Adele Sandrock gegenüber ihren Mitmenschen sehr sarkastisch sein. Diese Erfahrung musste auch eine junge, noch unerfahrene Kollegin machen, die fragte: „Bitte, verehrte Frau Sandrock, wie schminkt man sich alt?" Darauf antwortete Adele knurrend: „Abschminken, meine Liebe, abschminken!"

Man sah Adele Sandrock unter anderem in den Filmen „Torgus – Verlogene Moral" (1921), „Kinder der Finsternis" (1921), „Lucrezia Borgia" (1922), „Die drei Niemandskinder" (1927), „Der Kongreß tanzt" (1931), „Alles hört auf mein Kommando" (1934), „Die englische Heirat" (1934), „Amphitryon – Aus den Wolken kommt das Glück" (1935), „Der Kampf mit dem Drachen" (1935), „Die große und die kleine Welt" (1936), „Flitterwochen" (1936) und „Der Favorit der Kaiserin" (1936).

Im Privatleben war Adele Sandrock eine vorbildliche Hausfrau. Sie kaufte auf dem Gemüsemarkt ein, kochte vorzüglich, beherrschte die Nähmaschine und putzte selbst ihre Fenster.

Im Frühjahr 1936 erkrankte Adele Sandrock schwer. Sie wurde 16 Monate lang an das Bett gefesselt. Professor Ernst Ferdinand Sauerbruch (1875–1951) tat in der Berliner Charité sein Bestes, konnte sie aber nicht retten.

Adele Sandrock starb am 30. August 1937 im Alter von 73 Jahren in den Armen ihrer Schwester Wilhelmine, mit der sie bis zuletzt zusammengewohnt hatte, in Berlin. Eine offizielle Trauerfeier fand am 4. September 1937 im Berliner „Theater in der Saarlandstraße" statt. Anschließend erfolgte im Beisein ihrer Schwester Wilhelmine die Überführung des Sarges nach Wien, wo Adele – ihrem letzten Wunsch gemäß – im Gewand der Kameliendame beerdigt werden sollte. Während der

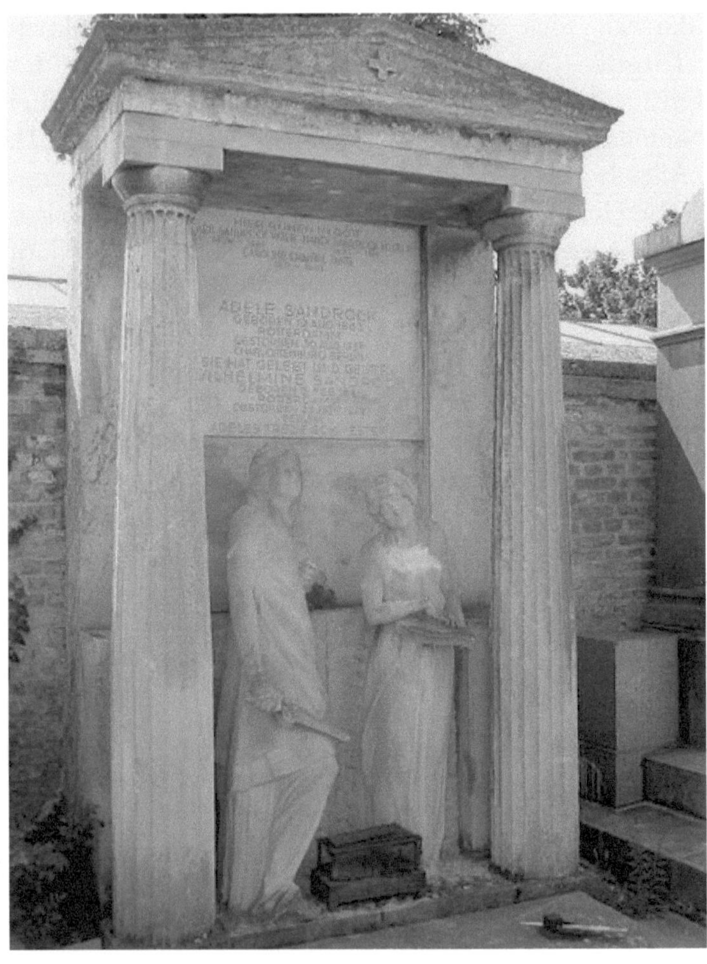

*Grab von Adele Sandrock
auf dem Friedhof Wien-Matzleinsdorf*

Reise von Berlin nach Wien legte der aus drei Wagen bestehende Überführungskondukt am 6. September 1937 auf dem Hauptplatz von Linz in Oberösterreich eine einstündige Reise ein, was die Aufmerksamkeit vieler Passanten erregte.

Bei der Aufbahrung in der Kirche des Matzleinsdorfer evangelischen Friedhofs stand neben dem Sarg von Adele Sandrock ein weiterer mit den Gebeinen ihres Vaters und ihrer Mutter sowie einer Tante. Letztere waren bis zu ihrer Exhumierung in einem Familiengrab bestattet gewesen. Laut letztwilliger Verfügung von Adele Sandrock mussten der Vater und die Mutter neben ihrer Tochter Adele in einer von Wilhelmine Sandrock angekauften Gruft beigesetzt werden.

Am 8. September 1937 fand die nur für geladene Gäste vorbehaltene Beerdigungsfeier in Wien statt. Daran nahmen Vertreter des offiziellen Österreich, des Deutschen Reichs und der Niederlande sowie zahlreiche bekannte Künstler (Heinrich George, Heinz Hilpert, Paul Hörbiger, Else Wohlgemuth, E.W. Erno, Otto Tressler, Paul Morgan, Jack Trevor) teil. Kranzspenden kamen unter anderem von Ex-Kaiser Wilhelm II. und Reichskanzler Adolf Hitler. Ein Blumengebinde war mit der Inschrift verziert: „Ich war Dir treu bis in den Tod, Deine dich liebende Schwester Wilhelmine". Zur letzten Ruhe gebettet wurde Adele Sandrock in der Gruppe 18, Gruft 165, auf dem evangelischen Friedhof Wien-Matzleinsdorf.

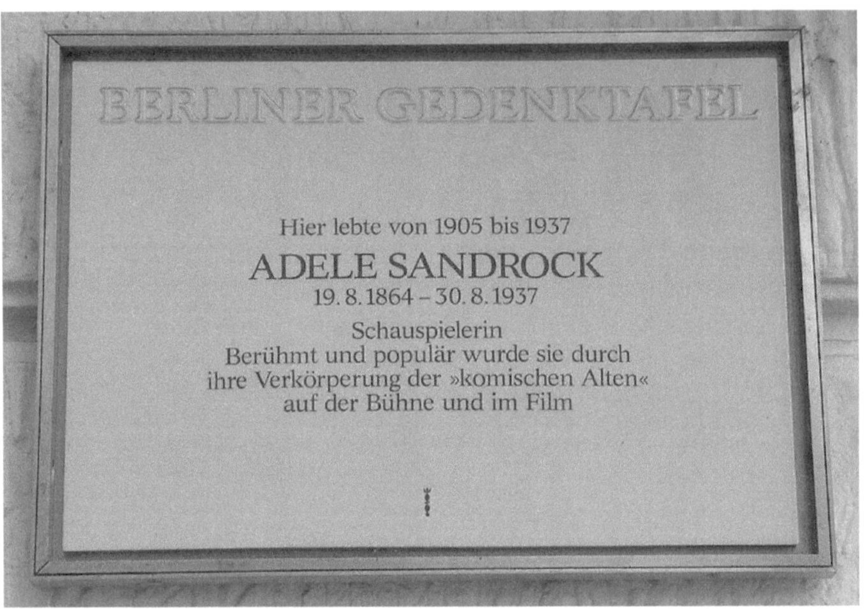

*Gedenktafel für Adele Sandrock
am Haus Leibnizstraße 60 in Berlin-Charlottenburg*

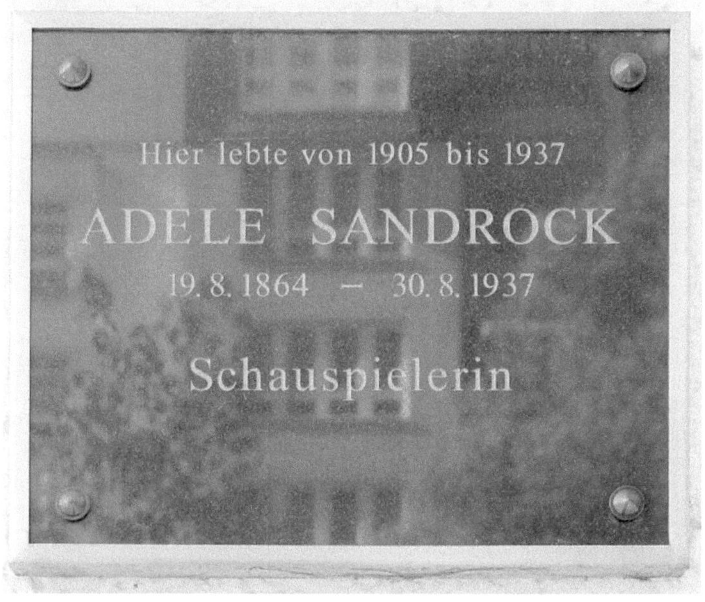

*Gedenktafel für Adele Sandrock
an der Mommsenstraße in Berlin-Charlottenburg*

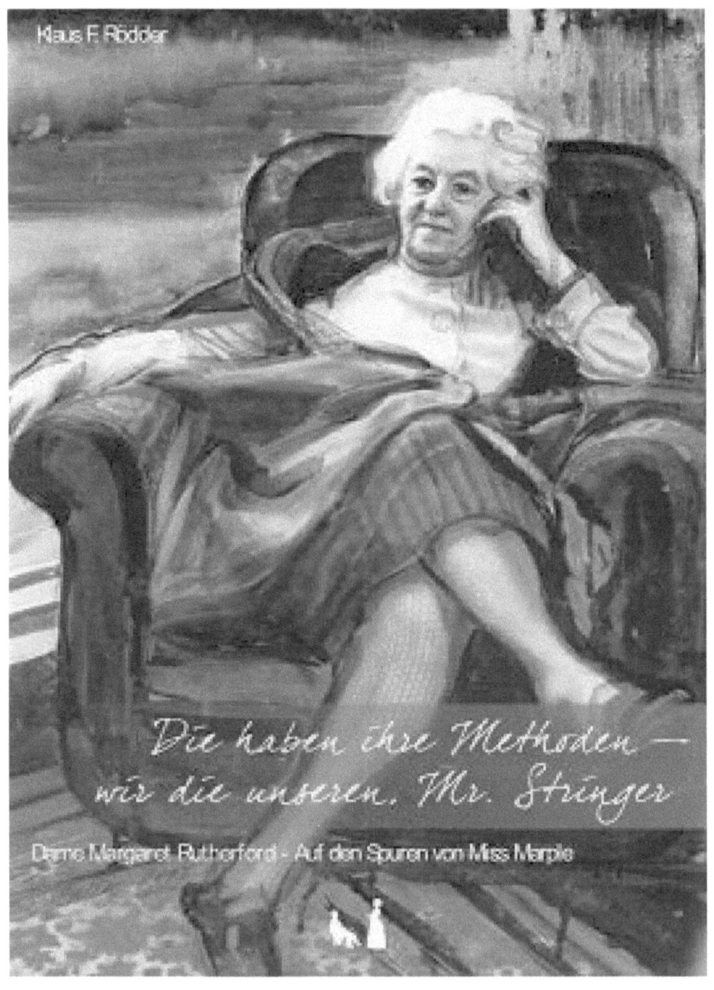

Margaret Rutherford (1892–1972)

Am Haus Leibnizstraße 60 in Berlin-Charlottenburg, in dem Adele Sandrock von 1905 bis 1937 lebte, enthüllte man am 29. September 1989 zur Erinnerung daran eine Gedenktafel. Als diese gestohlen wurde, ließen die Hauseigentümer eine neue Tafel mit einem etwas kürzeren Text anbringen. Die entwendete Berliner Gedenktafel wurde bei einer Auktion im Internet angeboten, von der Kriminalpolizei sichergestellt und wieder am Haus in der Leibnizstraße angebracht. Die zweite Tafel hängte man um die Ecke an der Mommsenstraße auf.

In Berlin-Hellersdorf erinnert die Adele-Sandrock-Straße an die große Volksschauspielerin. Während der 1960-er und 1970-er Jahre produzierte das „Adele-Sandrock-Studio Baden-Baden" unter anderem literarische Sprechplatten.

Mit Adele Sandrock sind verschiedene andere Schauspielerinnen ähnlichen Typs verglichen worden. Beispielsweise bezeichnete man die vergleichbare exzentrische britische Schauspielerin Margaret Rutherford (1892–1972) als die „englische Adele Sandrock".

Filme von Adele Sandrock

1919: Malaria
1919: Der Galeerensträfling
1919: Gebannt und erlöst
1920: Die letzten Kolczaks
1920: Der verlorene Schatten
1920: Patience
1920: Der siebente Tag
1920: Herztrumpf
1920: Das Haupt des Juarez
1920: Exzellenz Unterrock
1920: Die Tänzerin Barberina
1920: Manolescus Memoiren
1921: Marizza, genannt die Schmugglermadonna
1921: Verlogene Moral
1921: Das goldene Netz
1921: Grausige Nächte
1921: Die schwarze Pantherin
1921: Der Roman der Christine von Herre
1921: Violet
1921: Die Schuld des Grafen Weronski
1922: Die siebente Nacht
1921: Lady Hamilton
1921: Kinder der Finsternis
1922: Herzog Ferrantes Ende

1922: Der Absturz
1922: Die Tänzerin Navarro
1922: Dr. Mabuse, der Spieler
1922: Lucrezia Borgia
1923: Die Magyarenfürstin
1923: Die Prinzessin Suwarin
1923: Die Liebe einer Königin
1923: Der Hof ohne Lachen
1923: Helena
1923: Alt-Heidelberg
1924: Die Radio-Heirat
1924: Die Fahrt ins Verderben
1924: Die Schmetterlingsschlacht
1925: Aschermittwoch
1925: Das Mädchen mit der Protektion
1926: Deutsche Herzen am deutschen Rhein
1926: Trude, die Sechzehnjährige
1926: Nixchen
1926: Die vom Schicksal Verfolgten
1926: Die Waise von Lowood
1927: Der Himmel auf Erden
1927: Die Geliebte
1927: Die leichte Isabell
1927: Die drei Niemandskinder
1927: Frühere Verhältnisse
1927: Ein rheinisches Mädchen
beim rheinischen Wein
1927: Die rollende Kugel

1927: Arme kleine Siff
1927: Das Mädchen mit den fünf Nullen
1927: Im Luxuszug
1927: Die Stadt der tausend Freuden
1927: Königin Luise
1927: Feme
1927: Deutsche Frauen – Deutsche Treue
1928: Sechs Mädchen suchen Hauptquartier
1928: Die Durchgängerin
1928: Lotte
1928: Der Ladenprinz
1928: Leontines Ehemänner
1928: Mary Lou
1928: Kaczmarek
1928: Serenissimus und die letzte Jungfrau
1928: Die Zirkusprinzessin
1929: Verirrte Jugend
1929: Aufruhr im Junggesellenheim
1929: Der Erzieher meiner Tochter
1929: Die Drei um Edith
1929: Fräulein Else
1929: Katharina Knie
1930: Donauwalzer
1930: Der Nächste, bitte
1930: Skandal um Eva
1930: Die große Sehnsucht
1930: Die zärtlichen Verwandten
1930: Ein Walzer im Schlafcoupé

1930: 1000 Worte Deutsch
1930: Eine Freundin so goldig wie Du
1930: Seitensprünge
1930: Die Königin einer Nacht
1930: Ihre Majestät die Liebe
1931: Walzerparadies
1931: Die Försterchristel
1931: Der Schrecken der Garnison
1931: Die Schlacht von Bademünde
1931: Die schwebende Jungfrau
1931: Der verjüngte Adolar
1931: Jeder fragt nach Erika
1931: Keine Feier ohne Meyer
1931: Strohwitwer
1931: Der Kongreß tanzt
1932: Goldblondes Mädchen, ich schenk' Dir
mein Herz – Ich bin ja so verliebt...
1932: Ein steinreicher Mann
1932: Der Sieger
1932: Einmal möcht' ich keine Sorgen haben
1932: Ein toller Einfall
1932: Ballhaus goldenen Engel
1932: Das schöne Abenteuer
1932: Ich will nicht wissen, wer Du bist
1932: Liebe, Scherz und Ernst
1932: Friederike
1932: Der tolle Bomberg
1932: Die Liebe auf den ersten Ton

1932: Der große Bluff
1932: Der verliebte Blasekopp
1932: Kaiserwalzer/Audienz in Ischl
1933: Eine Frau wie Du
1933: Die Tochter des Regiments
1933: Morgenrot
1933: Kleines Mädel - grosses Glück
1933: Glückliche Reise
1933: Es knallt
1934: Der Flüchtling aus Chicago
1934: Zigeunerblut
1934: Die Töchter ihrer Exzellenz
1934: Die englische Heirat
1934: Ein Walzer für dich
1934: Gern hab' ich die Frau'n geküsst
1934: Ich sing' mich in Dein Herz hinein
1934: Der Fall Brenken
1934: Da stimmt was nicht
1934: Der Herr Senator
1934: Ich sehne mich nach Dir
1934: Der letzte Walzer
1934: Alles hört auf mein Kommando
1934: Der Herr ohne Wohnung
1934: Petersburger Nächte
1934: Frühjahrsparade
1935: Amphitryon – Aus den Wolken
kommt das Glück
1935: Alle Tage ist kein Sonntag

1935: Ein falscher Fuffziger
1935: Der Himmel auf Erden
1935: Der blaue Diamant
1935: Der Taler der Tante Sidonie
1935: Eva
1935: Mach' mich glücklich
1935: Der Kampf mit dem Drachen
1935: Der Gefangene des Königs
1935: Ich liebe alle Frauen
1935: Ein Teufelskerl
1935: Knox und die lustigen Vagabunden
1935: Es waren zwei Junggesellen
1935: Die Gesangsstunde
1935: Kirschen in Nachbars Garten
1936: Der schüchterne Casanova
1936: Rendezvous in Wien
1936: Die große und die kleine Welt
1936: Engel mit kleinen Fehlern
1936: Flitterwochen
1936: Skandal um die Fledermaus
1936: Die Puppenfee
1936: Der Favorit der Kaiserin

Quelle: Wikipedia und Internet Movie Database

Bühnenrollen von Adele Sandrock

Alexandre Dumas der Jüngere
Die Kameliendame (Rolle der Marguerite Gautier)
Francillon (Rolle der Francillon)

Alexandre Dumas der Jüngere und Armand d'Artois
Der Fall Clémenceau (Rolle der Isabella)

Johann Wolfgang von Goethe
Egmont (Rolle der Martha von Parma)

Franz Grillparzer
Sappho (Rolle der Sappho)
Medea (Rolle der Medea)

Henrik Ibsen
Rosmersholm (Rolle der Rebekka West)

Heinrich Laube
Graf Essex (Rolle der Lady Nottingham)

Gotthold Ephraim Lessing,
Emilia Galotti (Rolle der Emilia und der Orsina)

Victorien Sardou
Zaza (Rolle der Zaza)
Feodora (Rolle der Feodora)

Friedrich Schiller
Kabale und Liebe (Rolle der Luise und der Lady Milford)
Maria Stuart (Rolle der Maria Stuart)

Arthur Schnitzler
Das Märchen (Rolle der Fanny Theren)
Liebelei (Rolle der Christine)

William Shakespeare
Richard III. (Rolle der Anna)

Hermann Sudermann
Heimat (Rolle der Magda)

Frank Wedekind
Die Büchse der Pandora (Rolle der Gräfin Geschwitz)

Oscar Wilde
Bunbury (Rolle der Lady Bracknell)

Quelle: Wikipedia

Zitate von Adele Sandrock

Das Kind hat seinen Verstand meistens vom Vater,
weil die Mutter ihren noch besitzt.

Hüten Sie sich vor den Männern.
Fallen Sie nicht auf ihre Tricks herein.
Sie sind alle Schweine.

Viele Kinder sind deswegen so verzogen,
weil man Großmütter nicht übers Knie legen kann.

Zum Heiraten gehören immer zwei:
Ein Mädchen und ihre Mutter!

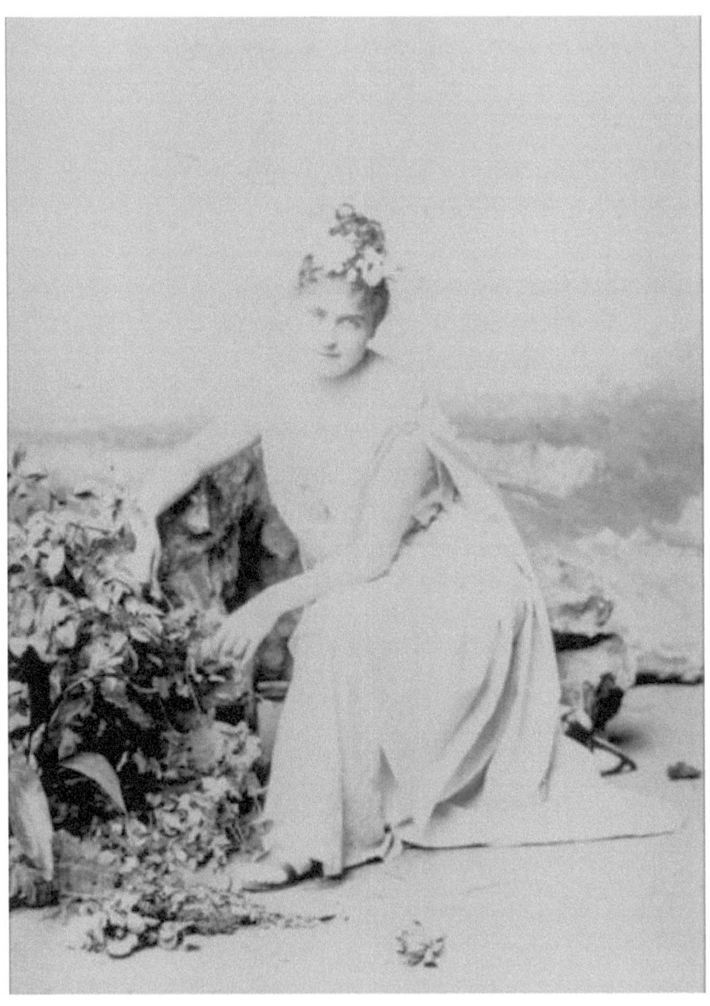

Rollenbild von Adele Sandrock

Literatur

FEMBIO Frauen-Biographie-Forschung
http://www.fembio.org
INTERNET MOVIE DATABASE
(Film-Datenbank) http://www.imdb.com
PROBST, Ernst: Superfrauen 7 – Film und Theater, Mainz-Kostheim 2001
PROBST, Ernst: Königinnen des Theaters, München 2011
PROBST, Ernst: Königinnen des Films, München 2012
PUBLIKUMSLIEBLINGE NICHT NUR VON GESTERN http://www.steffi-line.de
Internetseite von Stephanie D'heil, Düsseldorf
SOJITRAWALLA, Shirin: Die launenhafte Diva und der zweifelnde Dichter. Imogen Kogge und Gerd Wameling blättern in Mainz die Geschichte von Adele Sandrock und Arthur Schnitzler auf. Wiesbadener Kurier, 30. September 1997, S. 18, Wiesbaden
WIKIPEDIA (Online-Lexikon) http://wikipedia.org
WINNERT, Derek (Herausgeber): Die große Welt der Filme und Stars, Niedernhausen 1995

Bildquellen

Reproduktion einer Lithographie des österreichischen
Malers und Lithographen Josef Kriehuber (1800–1876)
von 1862: 16

Reproduktion einer Abbildung aus „Die Gartenlaube"
von 1888: 19

Reproduktion eines Fotos aus „Die Gartenlaube", Sam-
melband 1895: 11

Reproduktion eines Fotos aus „Fritz Abshoff: Bildende
Geister", Band 1, Berlin 1905: 12

Reproduktion eines Fotos aus „Sport und Salon" vom
4. Januar 1900: 6

Reproduktion eines Fotos des deutschen Fotografen Ni-
cola Perscheid (1864–1930) aus den 1920-er Jahren: 21

Reproduktion eines Fotos des deutschen Fotografen Ni-
cola Perscheid (1864–1930) von 1911: 20

Reproduktion eines Fotos des Fotografen Aimé Dupont
(1842–1900) von 1896: 18

Reproduktion eines Fotos des französischen Fotografen Gaspar-Félix Tournachon (Nadar) (1820–1910) um 1865: 17

Reproduktion eines Fotos des österreichischen Fotografen Ferdinand Schmutzer (1870–1928) um 1910: 13

Reproduktion eines Fotos von 1898: 1

Klaus Franz Rödder, Mittelhof-Steckenstein
http://www.margaretrutherford.com (Bild von „Kalle", Künstler aus Heidelberg, gestorben 2010): 28

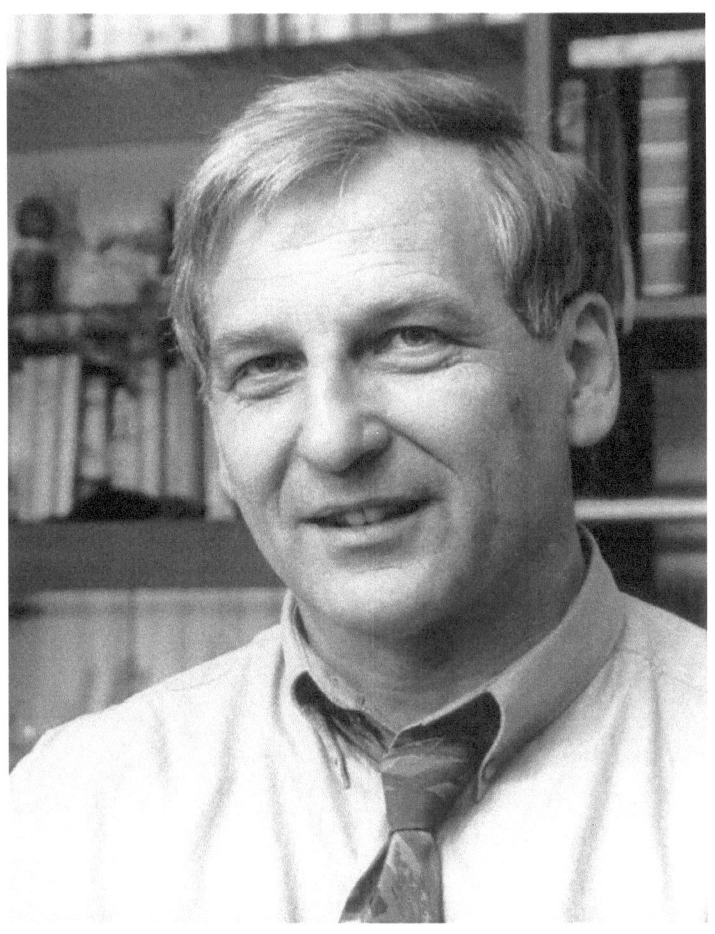

Autor Ernst Probst

Der Autor Ernst Probst

Ernst Probst, geboren am 20. Januar 1946 in Neunburg vorm Wald im bayerischen Regierungsbezirk Oberpfalz, ist Journalist und Wissenschaftsautor. Er arbeitete von 1968 bis 1971 als Redakteur bei den „Nürnberger Nachrichten", von 1971 bis 1973 in der Zentralredaktion des „Ring Nordbayerischer Tageszeitungen" in Bayreuth und von 1973 bis 2001 bei der „Allgemeinen Zeitung", Mainz. In seiner Freizeit schrieb er Artikel für die „Frankfurter Allgemeine Zeitung", „Süddeutsche Zeitung", „Die Welt", „Frankfurter Rundschau", „Neue Zürcher Zeitung", „Tages-Anzeiger", Zürich, „Salzburger Nachrichten", „Die Zeit", „Rheinischer Merkur", „Deutsches Allgemeines Sonntagsblatt", „bild der wissenschaft", „kosmos", „Deutsche Presse-Agentur" (dpa), „Associated Press" (AP) und den „Deutschen Forschungsdienst" (df). Aus seiner Feder stammen die Bücher „Deutschland in der Urzeit" (1986), „Deutschland in der Steinzeit" (1991) und „Deutschland in der Bronzezeit" (1996). Von 2001 bis 2006 betätigte sich Ernst Probst als Buchverleger sowie zeitweise als internationaler Fossilienhändler und Antiquitätenhändler. Insgesamt veröffentlichte er rund 200 Bücher, Taschenbücher, Broschüren und E-Books.

Bücher von Ernst Probst

(Auswahl)

Als Mainz noch nicht am Rhein lag

Annie Oakley
Die Meisterschützin des Wilden Westens

Archaeopteryx. Der Urvogel
aus Bayern

Christl-Marie Schultes. Die erste Fliegerin in Bayern
(zusammen mit Theo Lederer)

Cortés und Malinche. Der spanische Eroberer
und seine indianische Geliebte

Der Europäische Jaguar

Der Mosbacher Löwe
Die riesige Raubkatze aus Wiesbaden

Der Rhein-Elefant
Das Schreckenstier von Eppelsheim

Der Sögel-Wohlde-Kreis

Die nordische Bronzezeit in Deutschland

Die Hügelgräber-Kultur in Deutschland

Die ältere Bronzezeit in Nordrhein-Westfalen

Die Bronzezeit in der Lüneburger Heide

Die Stader Gruppe

Die Oldenburg-emsländische Gruppe

Die Urnenfelder-Kultur in Deutschland

Die ältere Niederrheinische Grabhügel-Kultur

Die Unstrut-Gruppe

Die Helmsdorfer Gruppe

Die Saalemündungs-Gruppe

Die Lausitzer Kultur in Deutschland

Die Dolchzahnkatze Megantereon

Die Dolchzahnkatze Smilodon

Die Säbelzahnkatze Homotherium

Die Säbelzahnkatze Machairodus

Die Schweiz in der Frühbronzezeit

Die Rhône-Kultur in der Westschweiz

Die Arbon-Kultur in der Schweiz

Die Schweiz in der Mittelbronzezeit

Die Schweiz in der Spätbronzezeit

Dinosaurier von A bis K. Von Abelisaurus
bis zu Kritosaurus

Dinosaurier von L bis Z. Von Labocania
bis zu Zupaysaurus

Eiszeitliche Geparde in Deutschland

Eiszeitliche Leoparden in Deutschland

Frauen im Weltall

Hildegard von Bingen. Die deutsche Prophetin

Höhlenlöwen. Raubkatzen
im Eiszeitalter

Julchen Blasius
Die Räuberbraut des Schinderhannes

Katharina II. die Große.
Die Deutsche auf dem Zarenthron

Johann Jakob Kaup
Der große Naturforscher aus Darmstadt

Königinnen der Lüfte in Deutschland

Königinnen der Lüfte in Europa

Königinnen der Lüfte in Amerika

Königinnen der Lüfte von A bis Z

Rund 70 Kurzbiografien berühmter Fliegerinnen,
Ballonfahrerinnen, Luftschifferinnen,
Fallschirmspringerinnen, Astronautinnen und
Kosmonautinnen

Königinnen des Films

Königinnen des Tanzes

Königinnen des Theaters

Malende Superfrauen

Meine Worte sind wie die Sterne

Die Entstehung der Rede des Häuptlings Seattle
(zusammen mit Sonja Probst)

Monstern auf der Spur
Wie die Sagen über Drachen, Riesen
und Einhörner entstanden

Neues vom Ur-Rhein
Interview mit dem Geologen und Paläontologen
Dr. Jens Sommer

Österreich in der Frühbronzezeit

Österreich in der Mittelbronzezeit

Österreich in der Spätbronzezeit

Pompadour und Dubarry. Die Mätressen
von Louis XV.

Raub-Dinosaurier von A bis Z.
Mit Zeichnungen von Dmitry Bogdanav
und Nobu Tamura

Rekorde der Urmenschen
Erfindungen, Kunst und Religion

Rekorde der Urzeit
Landschaften, Pflanzen und Tiere

Säbelzahnkatzen. Von Machairodus
bis zu Smilodon

Säbelzahntiger am Ur-Rhein. Machairodus
und Paramachairodus

Superfrauen aus dem Wilden Westen

Superfrauen 1 – Geschichte

Superfrauen 2 – Religion

Superfrauen 3 – Politik

Superfrauen 4 – Wirtschaft und Verkehr

Superfrauen 5 – Wissenschaft

Superfrauen 6 – Medizin

Superfrauen 7 – Film und Theater

Superfrauen 8 – Literatur

Superfrauen 9 – Malerei und Fotografie

Superfrauen 10 – Musik und Tanz

Superfrauen 11 – Feminismus und Familie

Superfrauen 12 – Sport

Superfrauen 13 – Mode und Kosmetik

Superfrauen 14 – Medien und Astrologie

Tony und Bruno Werntgen. Zwei Leben für die Luftfahrt
(zusammen mit Paul Wirtz)

Was ist ein Menhir?
Interview mit dem Mainzer Archäologen
Dr. Detert Zylmann

Weisheiten der Indianer

Wer ist der kleinste Dinosaurier?
Interviews mit dem Wissenschaftsautor Ernst Probst

Wer war der Stammvater der Insekten?
Interview mit dem Stuttgarter Biologen
und Paläontologen Dr. Günther Bechly

Zenobia von Palmyra.
Eine Frau kämpft gegen die Römer

Bestellungen bei: http://www.grin.com